子どもたちは生を探す…胸さわぎがするから

1993年夏～2017年冬　子どもたちのためのワークショップ「なぎさちんぐ」
写真.感想.記録

特定非営利活動法人 空・海・大地とともに―協同活動センター
編者　なぎさちんぐ子ども委員会おとな委員会 牧武志

記録 写真 感想文集『ザブウン』から「感じたまま・思ったまま書いてもらいました」抄録

この活動の名称は1993年〜2006年が「なぎさの伝習所」、2007年「なぎさ冒険ちんぐ」、6年の休止後、2014年〜現在まで「なぎさちんぐ」。『ザブウン』はその間18回発行。
主催は2003年まで大人が構成する「なぎさの伝習所実行委員会」、以後「なぎさちんぐ子ども委員会おとな委員会」に変わり、子どもたちの思考と行動が一層発揮できる態勢になりました。

子どもたちの文から

ぼくは、八月四日から八日までの四泊五日、なぎさの伝習所「海のくらしをしてみる」に参加した。その責任者である新立さんの家で寝泊まりをしながら実際に手伝いをした。
夕方さっそく漁に出発。とちゅうで船酔いしないかと思った。（夜の）八時ごろ弁当を食べて少し寝て、もうそろそろ網をあげる時間になった。
魚はイカ、アジ、煮干しにするイワシ、いろいろな魚がたくさんいた。帰りには鹿町と小佐々のちょうど半分の所にもって行ってイワシをやった（水揚げした）。あとは平戸口に氷を積みに行って一日の終わりだ。その時ぼくは思った。「毎日毎日こんなことをして新立さんはきつくないのかなあ」。ぼくは船の運転もしたし、イリコ（煮干し）の手伝いもした。来年もまた「なぎさの伝習所」に参加しようと思った。
【海のくらしをしてみる】そういち　1993夏

編者…文中の（ ）、【 】内は、参加したワークショップの名称やふりがなと補足文、等を入れました。
【 】に続くのは書いた人のファーストネーム、開催の西暦と季節です。

私は、夏休みの工作の宿題にいいので、初めは「焼きものをつくる」を希望していました。でも外に希望者が多かったので、「海辺の自然をしる」ワークショップになりました。
私は海に囲まれた平戸に住んでいるのに、海辺の事をよく知らないし、おくびょうで虫や生き物にさわる事ができなかったので、このワークショップになって本当によかったです。一日目は、二時から文化会館で入所式があって一人ずつ自己紹介をしました。妹といっしょだったので少し心強かったけどあとは知らない人だったので友達になれるかと心配しました。二日目は、船に乗って瀬尻島という所へ行き、海辺の自然観察をしました。海辺にはアイスのから、あきビン、発泡スチロール、おどろいた事にテレビまで流れついていて、びっくりしました。たくさんの生き物がいるのに人間が平気でゴミを捨てるので海がだんだん汚くなって、やがて生物もいなくなるのかと、なんだか、かわいそうになりました。図鑑でしか見た事のない生き物を見たり手でさわったりしました。三日目の大島でも、行くとちゅうでめずらしいハマジンチョウという植

会場入口　2016年夏

物を見たり、瀬尻島にはいなかった生き物を見つけたりしました。最後の夜は五十五人全員で夕食を食べて、お寺に泊まったので特に楽しい夜でした。雨が降ってキャンプファイヤーができなかったのが残念でした。あっというまに、五日間が過ぎてちょっともの足りない気もしました。小学校最後の夏休みに、いろんな体験ができて楽しい思い出が作れて良かったです。

【海辺の自然をしる】しほ（志穂）　1993夏

私がこの2日間で楽しかったことは、オヨギイソギンチャクをつかまえたことです。みためは、きもちわるいけど、なんだかかわいかったです。今日はゴムボートで島にいって楽しかったです。
フグのあかちゃんもつかまえることができました。とてもつかれる2日間でした。
ゴムボートにのるときは、きんちょうしました。貝をひろうときは楽しかったです。つりざおをつくってつりをするときは楽しかったけど、イラ（クラゲ）にさされたのでいたかったです。とても楽しかったです。

【海辺の小さな生きものを探してみよう】しほ（詩穂）　2015夏

一番心に残ったことは、生き物をさがしてつかまえて観察したことです。生き物を観察していて、生き物はカニだけでも色々な種類がありました。観察していて生き物はそれぞれの特ちょうがあっておもしろかったし楽しかったです。生き物をつかまえてバケツに入れていて弱ってしまったり、さん素がなくなって死んでしまった生き物もいました。このことで私は生き物の大切さがよく分りました。これからも生き物を大切にしていきたいです。私はカヤックに乗りました。カヤックに乗ってコツがよくわかりました。ふだんはあまり乗れないのできちょうな体験でした。なぎさちんぐで一番うれしかった事は同じワークショップの人達と友達になれたことです。来年もなぎさちんぐにいきたいと思います。

【見て！ふれて！食べて！！なぎさをまるごと体験しよう】ゆうり　2016夏

けっきょくクラゲにさされた（笑）。橋から落ちる時、高所きょうふしょうが発動した。「こわい」というふるえと「寒い」というふるえがぼくをおそった。

【見て！ふれて！食べて！！なぎさをまるごと体験しよう】りょう　2017夏

ぼくは、なぎさの伝習所に参加して、思い出がたくさんできました。たくさんの思い出をひとつずつ紹介しようと思います。まず一つめは同じワークショップの子と初めて会ったときのことです。一回、文化会館で

「はじめの集い」子ども委員が進める　2016年夏

自己紹介をしたとき、ぼくの真正面で話をしていた人が同じワークショップの人でした。自己紹介が終わって歴史民俗資料館に行ってもう一回自己紹介がありました。おもしろそうな人だったのでよかったなぁと思いました。二つめはマキ（子どもたちにたのんだ牧武志の呼び名）たちと夜に散歩に行ったことです。八月四日の夜に行きました。坂を少し下ったところに公園があったので、そこに行きました。公園についてから星をながめました。北斗七星がきれいに見えていました。そこで十五分ぐらい星を見て帰りました。帰っているとき女子がでっかいナメクジを見つけて、みんなに見せようとナメクジを国民宿舎に持って行きました。そして先生たちのいる部屋に行って見せました。ぼくもさわってみるとヌルヌルして、すぐ手を洗いに行きました。三つめは大島や瀬尻島に行ったことです。大島や瀬尻島の体験はぼくにとって初めての体験になりました。島では森を探検したり、軽石を見つけたり、ウニをとったり、天然記念物を見たり、中でも一番うれしかったことは、天然記念物を見たことです。天然記念物はハマジンチョウという名前で、葉の裏にブツブツができているようでした。次にうれしかったのが、稚魚をつかまえたことです。稚魚を網ですくいとるのです。すくいとるのは意外に簡単でいっぱいつかまえました。四つめは夜に海水浴に行ったことです。八月六日の夜に国民宿舎に泊まっている人たちで海水浴に行きました。マキたちも来てたき火もしました。海で泳ぐとき、だいぶ深くてぼくの背じゃ水面に顔を出すとき手足をバタバタさせないといけませんでした。海に入ったり、たき火にあたったり、とても楽しかったです。特に大人の背中を船のかわりにして深い所まで行ったときが一番楽しかったです。帰りに海のほうでバシャバシャ足ぶみすると、夜光虫が光ってきれいでした。国民宿舎に帰ってもう一回お風呂に入って眠りにつきました。五つめはお寺でキャンドルサービスをしたことです。キャンドルサービスはローソクに火をともしたり、消したりしてゲームをしたり、ワークショップからの出しものがあったり、歌をうたったりしました。クイズではむずかしいクイズもあっておもしろかったです。ゲームも、ひもを肩にかけて十回手をたたいて横の人にやったりするゲームが一番おもしろかったです。最後の一つは「子ども自由市場」です。自分の持ってきたものを貝がらにかえて、その貝がらで好きな物と交換する方法でした。ぼくは弟と一緒にジグソーパズルと交換しようと、ジグソーパズルがほしいと思うもう一人とジャンケンして決めました。おしくもジャンケンで負け、ほかの物、ネコの人形と交換しました。弟は、『新・なぞの百科』という本と交換しました。余った貝がらは家に持って帰りました。ぼくはたった五日間でこんなに思い出ができたし、勉強にもなったので本当になぎさの伝習所に参加してよかったなぁと思いました。来年も来る機会があったら、ぜったいにこようと思いました。

【野山の自然を知る】こう　1994夏

鹿町海洋スポーツ基地前の海　2015年夏

伝習所　もう一度行きたい　なぎさ浦

大島で　深くて泳げは　しなかった

からすのす　はじめて見たら　すごかった

先生は　何でも知ってた　すごいなぁ

みんなとは　わかれたけれど　また会える

【野山の自然を知る】あきひと　1994夏

母から、いつも鹿町の美しさを聞かされていた私は、なぎさの伝習所の話を聞いた時すぐ参加したいと思いました。ワークショップ「野山の自然をしる」を選んだのですが、体育館に集合したときから、期待で胸がいっぱいでした。担当の先生は鴨川先生、やさしく植物のことを教えてくださいました。

今まで、知らなかったきれいな名前の植物たち、たくさん覚えました。自然をはだで感じるって、こんな感じをいうのでしょうか。自然のあたたかさ、美しさをあらためて感じた五日間でした。

これからの美しい自然を守るのは私達の役目です。そう、実感しました。

母が話してくれたとおりの、鹿町の素晴らしさを知って、本当に良かったと思います。

【野山の自然を知る】ともこ　1994夏

いやな思い出　忘れてしまおう　土たたく

わたしは「焼きものをつくる」に入りました。

初日は、文化会館でオリエンテーションがあり、二日目は、鹿町陶芸の家へ行きました。初めてのワークショップ、先生が自分の作りたいものを作りたいだけつくっていいと言われたので、わたしは最初に花びんをつくりました。前にも三回くらい学校などで焼きものをしたことがあったけど、今回は先生方が時間をかけてていねいにアドバイスしてくださったので、とても難しく感じました。花びん、人形、表札と大きなものをつくりました。楽しかったです。三日目は、あらかじめ先生がつくって素焼きした物に、絵つけをしました。

小さな所をぬるのが難しかったです。四日目は、みんなで共同作品をつくりました。トーテムポールです。大きくつくるので、時間がかかりました。

わたしは焼きものをつくるのが大好きだったけど、たったの三日目であきてしまいました。焼きものづくりを長年続けている先生達はすごいなぁと思いました。

この日には同じワークショップに入っていた人たちとだいぶなれていました。その中に一人、長崎市から来

「なぎさの生き物と遊ぶ」 2014年夏　　　　　　　　　　　　「なぎさの小さな生きものを探してみよう」 20115年夏

た四年生の男の子がいました。その人はうるさくて、調子に乗った人だったので、私はいろいろ文句を言ってしまいました。するとその男の子は、小・中学生でつくっている鹿町少年少女劇団「海風」の長崎公演を二回も見た。何回見てもおもしろい、超かんげきだった。と話していました。私は文句をいったことに少し後悔した気がします。私は「海風」の劇団員だから。

この日はお寺に泊まりました。キャンプファイヤーの予定が、雨のためキャンドルサービスになりました。少し残念だったけどおもしろかったです。夜はなかなかねむれなかったので、トランプして遊びました。それとキモダメシをしようといった人がいたから、お寺の仏壇のところに行ってみました。でも、長時間は電気を消してはいけなかったので、つまらなかったです。翌朝は早く目が覚めました。この日でなぎさの伝習所は終わり、お寺から文化会館まで歩きました。昨日とちがって、晴天で暑い日でした。文化会館でのんだお茶がおいしかったです。そしてお別れの会で解散。楽しかったです。

【焼きものをつくる】ひろみ　1993夏

楽しい思い出ができました。友だちもふえました。なぎさはなにかを作るところ、友だちをつくる場所だと思いました。

【焼きものをつくる】まさとし　2004夏

遊びすぎ　手形　足形　最後はふろ

のみ作り　てつをやきやき　てつたたく

海の道　どこまでつづく　海深く

森ひろすけ　いつもにこにこ　わらってる

八月に　うまいんだなあ　これラーメン

めずらしい　りこうな犬が　およげない

潮音院　ねるのは本堂　しんだらおはか

【石で形をつくる】けんさく　1993夏

こりゃやばい　ラーメンづくり　うまくない

手をうった　いたかった　このいたみ

たけきった　かわらいちまい　おっこちた

「みて！ふれて！食べて！！なぎさをまるごと体験しよう」 2016年夏

海いった　おぼくれそうだ　しにそうだ

【石で形をつくる】しゅうへい　1994夏

フライパンは魔法使い　どろどろがかたまって　生たまごも　あっという間に目玉焼き

フライパンは手品師　ヒヤヒヤがあたたまり　冷やご飯も　あっという間にチャーハンに

フライパンはがまん強い　熱々の火の上で　いつもいつも　料理を作ってくれる

【歌をつくる】フライパン　詞・曲　ふみこ　1993夏

（な）かよしみんなならんでみよう　　（ぎ）んぎらおひさまながめよう

（さ）あみんなでそろってかえろう　　（の）やまをこえてひろいひろばに

（で）ていこう　　　　　　　　　　　か（ん）をけりけり

（しゅ）っぱつだ　　　　　　　　　　（う）たをうたって

（じょ）ぎんぐきぶん　　　　　　　　（は）ははとわらって

（た）のしくいくさ　　　　　　　　　（の）んきに

（し）みじみ　　　　　　　　　　　　（い）いとこです

（な）ぎさ！

【詩をつくる】なぎさの伝習所はたのしいな　さちよ（祥代）　1994夏

私は「自然な材料でお菓子をつくる」のワークショップに入りました。パンやピザ、クッキー、シャーベット、ケーキなどたくさん作る予定です。私の泊まる場所はお寺、わたしのおじいちゃんの家なのでよかったです。１日目は、パンとシャーベットを作りました。パンは初めてなのでドキドキしました。「チン！」とオーブンの音がしたのでいってみるとプーンといい香りがしました。ちょっと試食してみました。やわらかくて、あったかくてと〜ってもおいしかったです。食べるのがもったいないくらいでした。２日目は、ピザとクッキーを作りました。ピザを生地から作るのは初めてです。ピザの生地はパンの作り方とほとんど同じですが、砂糖をたくさん入れません。生地を５ミリほどの厚さにしてその上にピザソースをぬり、トマトやコーン、ピーマン、シーチキン、タマネギ、チーズをたっぷりのせてオーブンで焼きます。15分たちました。オーブンを開くと・・・言葉ではとても表現しきれません。食べてみるとすご〜くおいしかったです。こんなおいしいピザ、初めて食べました。３日目はケーキと夕食のカレーのお手伝いをしました。ケーキはクリー

「シーカヤックで無人島を探検する」 2015年夏

ムをなめてばかりで少し少なくなりました。クリームの中に強力粉を入れ、レーズンとクルミとバナナを入れました。型に流しオーブンへ……やけました。プ～ンと甘い香りをただよわせて食べてみると、う～んおいしい。あんまりおいしいので何個も食べてしまいました。3時頃からカレー作りのお手伝いをしました。170人ものカレーを作るのは初めてです。私の担当はジャガイモのかわむきとタマネギのかわむきと、サラダに使うキュウリのかわむき、そして皿あらいでした。かわむきは手がいたくなりました。約100個以上の野菜のかわをむいただろうと思います。5時半頃カレーを食べました。手伝ったせいか少しおいしく感じました。その夜はお寺で宿泊交流でした。キャンプファイヤー、子ども会議、きもだめしなどをしました。その日はねむたくてねむたくてすぐねました。4日目は、「わかれの集い」と「子ども自由市場」がありました。わかれの集いはみんなが手をつなぎ「また会いましょう。お元気で。さようなら」と言い解散しました。長いキャンプだったのにとても短く感じました。楽しいことばかりだったからだと思いました。参加して本当によかったです。

【自然な材料でお菓子をつくる】たかこ　1994夏

みんなで作ったこう母を使ってパンの生地を作りました。こねるとどんどんやわらかくなりました。こう母の変化していく様子はすごかったです。パンの作り方を初めて知りました。お菓子もかんたんでおいしかったです。家でも作ってみたいです。

【お菓子を作る・パンを焼く】はな　2014夏

1日目、自己紹介とワークショップ別の最初の活動。2日目、ビスケットとチョコチップマフィンを作る。ビスケット作りのときに体調をくずして残念だったけど、昼からチョコチップマフィンを作れてうれしかったです。3日目、シフォンケーキ作りをする時に、材料の分量をまちがってしまったけど、上手にできてうれしかったです。4日目、パンのこうぼを使ったピザを作った時に最初は、油や水で手がベトベトになったけど、ずっとこねているうちにパンの形になっていって焼く時にふっくらとふくらんだのでとてもうれしかったです。

【パンを作る、おやつも作ろう】ゆめか　2015夏

かやつり、わき水、夜光虫
一日目、夕食に蒸し魚（いとより、かわはぎ）がでた。いとよりの方は全部食べたが、かわはぎが残ってネ

「シーカヤックで無人島を探検する」 2015年夏

コのえさになってしまい、むなしかったけど、こうすれば魚などの生ゴミがへるということが勉強できた。ねる時、かやつりをした。かやのつり方や入り方が分かった。二日目、山に行き、わき水を飲む。山水の方が、きれいで、つめたいということが分かった。大観山に登り、天狗岩から下の景色が心に残った。夜、海にいった。夜光虫がきれいだった。その光を使って「光るパーンチ、光るキーック」など言って遊んでいました。とても楽しかったです。三日目、海に行き、海草の投げあいをした。「ビチャ、バチャ、トー、ベチャ」そして遊んだ後、おでんを食べました。メチャクチャおいしかったです。

四日目、朝食を食べ、そうじをしてから、ノンチャンの家（ぼくらのねどこ）をさりました。そして、みんなでキャンプファイヤーをしました。「し〜ろいくも〜　かもめがそらで〜　まあってい〜る〜　ちきゅうのなか〜ま〜なかよくしよう〜ぎんぎら〜たいよ〜う〜さしてい〜る〜」とってもたのしいキャンプファイヤーでした。五日目、朝食をとってから文化会館にいって、わかれの集いをしました。とても楽しい五日間でした。

【自然の中で料理する】けい　1995夏

ぼくは、はじめてなぎさに参加します。

一日目、はじめの集いが終わり、食事つくりと泊まり場所に行き、自己紹介をしました。そして夕食の準備をしました。二日目、夕食はみそステーキでした。その後、山の清水をのみにいくことになっていたのですが、一つ問題がありました。それは友美さんが熱を出したということです。山の清水はのみたいが、友美さんを一人にしていくことはできないという中、けつろんが出ました。女子が清水をのみに行ってるとき男子が友美さんの世話をして、男子が行っているときは女子がのこると言うことでした。

「テクテーク」。三十分歩いたでしょうか。やっと清水につきました。「ゴクゴク」。たくさんのみました。そして休んだらまたもどりました。ねむる場所についたのが、夜の十一時三十分でした。三日目夜に、海水浴にいきました。そしておでんを海辺で食べました。とてもおいしかったです。ただ一つ、ざんねんなことがありました。それはコンニャクとジャガイモがにえてなかったことです。おでんを食べおわったらまた泳ぎました。その時、「夜光虫だ。」というさけび声が聞こえました。水面をみてみると、ぴかぴか光るものがありました。四日目、朝からヨモギとオニユリの根をとりにいきました。そして朝食をとったらヨモギ団子を作りました。

「渚」で学んだこと、それは「苦労」「友情」そして「楽しさ」だと思う。渚よありがとう。

【自然の中で料理する】とものり　1996夏

「ヒミツ基地つくっぞ！」 2005年夏

まず問題だったのが、「友達ができるか」です。ここにくる前、母さんが「友達作り。友達つくらんと料理がおいしくないけん」と言われました。でも女子部屋では知らない人がたくさん。だけど、話をしていくうちに、友達になりました。そして料理を作る時、おせち料理だけでなく、朝、昼、夜の料理も作りました。むずかしそうと思ったけれど楽しくて、かんたんでした。これも友達ができて楽しかったからだし、大人たちの協力があったからの楽しさだと思います。5年生になっても参加したいと思います。
【おせち料理をつくってみよう】こゆき　2017．冬

私は今年も〈なぎさ〉に参加しました。わけは去年行き、とても楽しい思い出が作れたからです。無人島に行ったり、貝を食べたり……。でも、一番楽しかったのは、ハマジンチョウを見たことです。花はあまりさいていなかったけど、種があったので、とりました。

今年は「かずらでかごを編む」。なんだかこの題にワクワクしていました。なんとなく心が引きつけられるような感じがしました。初めは友達ができるかな、とか思いましたが、最後にはみんな友達になったようです。

みんなの人気は先生！あだなは「おばちゃま」。みんなととても親しくなれたようでした。アシスタントの人もとてもやさしくしてくれました。かずらをいよいよ編むとなるとドキドキしていました。それといっしょに不安もでてきました。底の方は説明を聞いてもわからなかったので、先生にやってもらいました。それからかずらを編んでいきました。やり方を教えてもらい、編んでいくと意外とかんたんでした。失敗したところは一つ。ほねぐみの所がうまくまがらず、できあがりがとても広がってしまったことです。でも、物も入るし、持つ所もはずれないようにできたのでよかったです。

次はおわん。海べに行き作りました。と言っても、真夏の太陽でたき火をし、（木を）焼くのはとても大変でした。みんな汗だくだくの中で作りました。まず、丸太を焼き、石でこすりました。この時、たよりになったのが、おく・はるかちゃん。まっ黒になった丸太があつくてさわれないとき、取ってくれました。だいたい黒くなった所で、まん中を焼きました。その時、私は1センチくらいしか空きませんでした。この五日間であいた穴は、だいたい1センチと、ちょっとくらいでした。

次はかべかけ。焼いた板をブラシでこすり、上から文字をかきました。書いた文字は、「勝手にさわるな」と「留守です」。またこのとき、いっしょにコースターも作りました。私は二つ作りました。わけは、一つ目が少しななめにかたむき、コップが落ちてしまうから。どちらかと言えば、一つ目の方がうまくできました。

「ヒミツ基地つくっぞ!」 2006年夏　2014年夏　2015年夏

最後に、お世話をしてくれた人たち、ありがとうございました。先生、アシスタント、友達、ホームステイの人達、本当にありがとうございました。
【かずらでかごを編む】ともこ　1995夏

「ひろゆき、今年のなぎさ、どがんやった？」「楽しかった」
「それだけや。もうすこし、思ったことないと」「天ぐ岩からのながめもすごかった。それにさ、あきのりが山道で見つけたマムシグサもすごく変やった。木場で見た椎の木は大きかったなあ」
「おいたち、鹿町小だけど、大観山の下の山水のんだことあった？」「ない。けど、はじめて山水のたまったところに頭つっこんで、気持ちよかった」
「おれも頭つっこんだけど、つめたくて、びしょびしょになった」「鹿町の自然は、きれいやったなあ」
「そうだな。虫や植物もいっぱいいて、楽しくていいところだ」
「もう少しなぎさの伝習所が長かったら、もっといろいろ草花が見られるのに。ぼくはこれからも美しい自然を守っていきたいと思うよ」「よっしゃ！」
【鹿町の自然を探検する】ひろゆき・あきのり　1997夏

MRに乗って、なぎさの伝習所四泊五日の修業の旅へ出た。
ぼくは、「大工さんの修業をしてみる」ワークショップで、「いす型おもちゃ箱」を作った。
初めてくぎを打ったり、ヤスリをかけたりした。初めてくぎを打ったのには、ちょー、感激。
トントントントントントントントントントントントントン、ワー、もー楽しい楽しい。何本打ってもあきないくらい。
指も打ったけど…。やすりは、たくさんかけて、ツルツルになって気分がとってもいい。
先生にほとんど作ってもらったけど、初めてくぎを打ったり、仕上げのヤスリがけをできたから、すっごく楽しかった。また、行きたいな。
【大工さんの修業をしてみる】てつろう　1998夏

水カンリンバ（あきカンを利用した楽器）をさっそく作りました。何本も作って、写真入りの説明をもぞう紙いっぱいに書き、おかげで夏休みの自由研究バッチリです。
今回ホームステイをはじめて経験しました。初めてあった6年生と思い出をたくさんつくりました。
八十九時間、家族とはなれて、一人で行動し、色々なことを学びました。来年は行こうかどうかまよってい

「焼きものをつくる」12人の作品を積んだトーテムポール　1993年

ます。なぜなら、解散した後、すぐ、解散したくないと思ったからです。
【音をつくる】ひろと　1998夏

水カンリンバを作って、2本目を使って演奏するときに指を切ってしまいました。おととしもそういうことがあったので、またか、と思いました（笑い）
【音を作る】？　2004. 夏

ぼくはいくつかヒミツ基地をつくったことがあったのですけど、すべて失敗しました。こんどの基地作りで、だいたいやり方がわかったので、つぎは成功させる自信がつきました。ひとつ残念なことは、今年のなぎさで作ったヒミツ基地はこわさなければいけないということ。残念です。
【ヒミツ基地作っぞ！】けんぞう　2004夏

「ヒミツ基地をつくっぞ！」に参加して楽しかったことが二つあります。一つめはヒミツ基地をつくること。森の中をみんなで歩いて行き、すてきな基地をつくれたことです。森の中でまよったこともありましたが、みんなでいろんな道をさがしながら行きました。二つめは竹を使った道具作りです。竹のお皿やコップ、はしおき、はし、竹馬、弓や矢など作りました。さいしょは思うようにできませんでしたが、二日目になると思うようにできました。
【ヒミツ基地作っぞ！】かほ　2005夏

1日目、山のどこに作るかを決める話がありました。2日目、朝8時にごはんをたべて9時出発。1日で半分が終わりましたが、16ヵ所ケガをしました。去年の夏より人数が少ないのに、去年より基地作りが進んだのでびっくりしました。3日目、ゆかがだいたい完成しました、ケガは57ヵ所になりました。4日目、ヒミツ基地が完成しました。ヨモギとワラビを取りに行って、その後ヨモギだんごにアンコとキナコをかけて食べました。おいしかったです。5日目、みんなとおわかれです。
【ヒミツ基地作っぞ！】やすあき　2015春

二日目のヒミツきちの場所を決めるのが楽しかった。完成した後の事も考えて選んだ。昼ごはんは自分たちで火をおこして作った。かたかったり、やわらかかったり、まずかったり、おいしかったりしたごはんは、

「自分のくつをつくる」 2016年夏

おもしろかった。
【ヒミツ基地作っぞ！】たいせい　2015夏

ぼくは今年はじめてだった。何度も山を往復したり、火の番をしたり、家をたてたりと、とても大変でした。でも、とてもやりがいがあったし、毎日のごはんもおいしかったです。夜のたき火はとてもきれいでした。でもねるときにカに刺されたり、たき火で２回ぐらいやけどしました。でもみんなとたくさん楽しいことができたし、６年生のいい思い出がつくれたと思います。
【野外生活入門】たくみ　2016夏

くつは最初から切ったり、はったりしたので時間もかかったし、たいへんだったけど、友達やたんとう者、アシスタントの人たちが教えてくれて、なんとか、上手に完成することができました。完成したときの達成感がすごかったです。
【自分のくつをつくる】まりこ　2015夏

１日目はきんちょうしました。海に入るときんちょうがとれて楽しくなりました。２日目ワークショップが本番になりました。足の説明や、足を描いたりしました。牛の皮があつく切りにくかったです。夕がた海で泳ぎました。３日目ミニのくつをつくったり、いす（椅子作りのワークショップ）の人たちといっしょに木を切ったり、いすミニや四角をつくりました。おもしろかったです。完成させた４日間の中で、ゴムを切るのがむずかしかった。海のおくまでいきました。きつかったです。
【自分のくつをつくる】いさむ　2016夏

海の水はとてもしょっぱかった。夕食はきらいなものがあった。とくに野菜がきらいだった。いま思うと５日たっていた。くつは東京からきてくれた、耕さんが教えてくれたおかげで上手にできた。つりは船長さんがやり方をやさしくおしえてくれた。はじめて水上スキーをした。たくさんしたけど、まだしたかった。もうちょっとここにいたい。来年も来たい。
【自分のくつをつくる】かける　2017夏

イタドリはおいしかった。僕は最初「道ばたにはえている草なんて食べられるわけない」と思っていました。

「自分のくつをつくる」 2015年夏

でも最初はこわかったイタドリも、ちょっとしたすっぱいおかしのようで、大好きになった。

【野の幸　山の幸をいただきます】りゅうえい　2016春

２度目の春のなぎさちんぐは、昨年よりはハードじゃなかった。新しく名前を覚えることができた山菜もあって、また新たな知識を身につけることができた。自分たちで作った、レンゲのゼリーと昨年と同ようのワラビの玉子とじと、朝ごはんのトーストはおいしかった。中学生になって、また、この≪なぎさちんぐ≫に戻ってきたいと思った。＜あとがき＞２日目の昼食のシラウオの天ぷらは、とてもやわらかく、ヨモギ団子はきな粉と小豆をつけると、とても甘かった。

【野の幸　山の幸をいただきます】あお　2017春

ぼくたちは、まず釣り針に糸をつける練習をしました。こつをつかんだら簡単でした。ぼくは３匹釣りました。その中の１匹はクサフグで、糸をかみちぎられていました。３日目と４日目の水上スキーでは、１番最初に立って、手をはなしました。またやりたいと思います。無人島の磯遊びでは、泳いだけどガンガゼがたくさんいてさされそうでした。クラゲがいたのでびっくりしておぼれそうでした。ぼくは、１日目あんなにドキドキしていたのに、それがまるでうそのようです。新しい友達もできたし、いろいろ初めての体験ができたので、来年もなぎさちんぐにきたいと思います。

【船釣りと無人島の磯遊び】そうま　2016夏

船釣りでは、ベラ、アジ、アラカブ、フグなど、合計18ひき釣れた。さお、リールで地球を釣ることができた。たださおをかえてから、おどろくほど釣れなくなった。つぎからはさおをかえても、たくさん釣れるようにしたいです。無人島ではどうくつを見つけ、１番に中に入って見たりしましたが、明かりがなく、入り口から５～６ｍのところでストップしました。島頭島へ行くきかいがあれば、ライトを持ってどうくつへ行きたい。はじめての体験だけど、とても楽しかった。マキの料理がうまかった。

【冬の船釣りと無人島の磯遊び】わたる　2017冬

一日目はカリンバに竹をつけてねじをしめました。一日目はあまりいい音は出ませんでした。二日目は人数は少なかったけれどマキの家まで海岸沿いを歩いて、遠回りしていきました。ところどころ深い部分があり、通るのが難しかったけど、みんなと一緒に渡れて楽しかったです。マキの家に着いて、またカリンバを弾い

「木や竹で楽器を作って、楽団にしてみよう」 2016年夏

てみたら、一日目よりもすごく良い音が出て気持ち良かったです。そしてたくさんの楽器を見たり鳴らしたりしました。三日目は四日目の発表に向けて練習しました。いままでは自分の音しか聞いてなかったけど、三日目はみんなの音が合ってきれいでした。また午後からは海にたくさん入りました。海でクラゲが怖かったけど、冷たくて気持ち良かったです。四日目は、自分の楽器でみんなの前で演奏しました。カリンバを一人でかなでたときはきんちょうしたけど、箱太鼓はきんちょうがほぐれて楽しく演奏できました。そして夜のカレーはぴりっとからくておいしかったです。

【木や竹で楽器作って、楽団にしてみよう】　りょうすけ　2016夏

1日目、おなじワークショップの人たちとあった。2日目、ベイトラップと野村ホイホイを教えてもらって、作ってしかけにいきました。3日目、ベイトラップをかいしゅうしました。野村ホイホイにコクワガタが入っていました。野村ホイホイの中には、ノコギリクワガタ、コオロギ、コメツキムシが入っていました。ノコギリクワガタだけもって帰ろうとおもう。

【君のまわりの昆虫をもっとよく知ろう】　けんたろう　2017夏

ぼくは、このワークショップで、いやだと決めつけるのではなく、さわってから、いやだったらさわるな、と西沢さんが言ったから、ぼくは、そうだな〜と思いました。あと、ドングリには、マテの木のもの、クヌギのもの、アラカシの木などと、いろいろな種類があったのでびっくりしました。ぼくは、これから、聞く、見る、かぐ、さわる、食べる、の五感を大切にしたいです。

【君のまわりの昆虫をもっとよく知ろう】　あつき　2017冬

1日目、今年は昨年とちがって(子ども委員の)仕事もいろいろ増え、とてもつかれましたが、テントで寝るのも楽しくてねむれませんでした。2日目、シーカヤックで近くの島までいきました。こぐのがきついときもありましたが、とても楽しくて、海の上をすぅーと行く風にあたって気持ちよかったです。3日目は実際に目的地の島まで行って、少し遊び、お昼ごはんを食べました。行った島は、海の中の砂がとてもさらさらでした。クラゲにさされましたが、幸せな時間でした。4日目の午前中は自由だったので、イソギンチャクに、イソノくんとぎんたとチャク助というあだなをつけました。午後は自由市場でした。予想以上にいそがしくて大変でした。夜に見た花火はきれいでしたが、最後だと思うと、少し悲しくて、素直に喜べませんでした。

【シーカヤックで無人島を探検する】　あお　2016夏

「ながさきの木で作る、ぼくの・わたしの椅子」 2016年夏

１日目は雨がふっていて空が灰色につつまれていたので、良い写真がとれるか心配だったけれど、海の色はきれいな青とビリジアンのグラデーションだったから、近くの島とのバランスの良い写真がとれて安心しました。２日目はフェリーが欠航すると聞いてびっくりしました。やっぱり外に出てみるとものすごい風でした。ですが内海があれることは少ないと聞いていたので海岸にはげしく打ちつける波を写真にとりました。ものすごくひまだったので、４人で青島を探検しに行ったり、猫がいっぱいいる場所を見つけて猫と遊んだりしました。夕方になると、夕日を見に行きました。あら波と半熟卵のような太陽と、太陽に照らされて金色にふちどられている雲がとてもきれいに写真にとれました。２日目の夜、空には星があふれていました。６等星まで見えそうでした。３日目無事に家に帰りました。

【島へのカメラ旅】ありさ　2016冬

ぼく達はティピーでたき火をしました。火をつけるのに苦労したあと、火から出るけむりにも苦しみました。でも苦しんだ火で魚を焼いたり、土人形を作ったりしました。火があると温かく、心がおちつきました。雨風がしのげて、温かくて、楽しくできたのでよかったです。

【ティピーで過ごす】そうげん　2016冬

木をけずってスプーンを作ったり、お箸を作ったりすることができた。やり方をていねいにおしえてくれたから、やりやすかった。他の人ともしゃべることができたのでよかったです。
２日目はスプーンをやすりでみがいたり、しめなわ作り。しめなわはきれいにするのが大変でした。手伝ってもらいながらも、お箸やスプーンなどを作ることができてよかったです。

【新年を自分で作ったお箸で迎えよう】さらら　2016冬

ぼくは、はしづくりのワークショップで生まれてはじめて木をけずるカンナをもって、けずってみて、よくけずれるなと思っていました。木をきるときに指をのこぎりで切ってしまったけれど、ヒノキのアカマツに似ている油のようなにおいをかいで、元気になりました。アカマツの精油もあってとてもすきなにおいです。けずりかすを持って帰りました。おうちでもそのにおいをかいで元気になりたいです。自分の作ったおはしでお正月をむかえたいです。

【新年を自分で作ったお箸で迎えよう】しょう　2017冬

「ながさきの木で作る、ぼくの・わたしの椅子」 2016年夏

スタッフの文から

日本の社会の急激な変化は、子どもたちの生活や教育、そして人間形成の面で多くの問題を生じさせています。そんな現代、子どもたちに一番必要とされているものを学ばせる機会を与えてあげた、それがこの「なぎさの伝習所」であったと私は思っています。

また、私にとっては大学の授業や実習では得られない多くのことを、子どもたちから教えられた五日間でした。五日間、私は子どもたちと同じ目の高さで会話をしました。同じようにジーパンをまくり上げて海の中に入りました。反省会でどなたか言われていたことですが、日ごろ見慣れている景色も子どもたちといるとまったく違うものに見えましたし、より新鮮に感じました。

また、私のグループには五人の子どもたちがいましたが、一人ひとりに個性がありました。そこで私が一番驚いたのは、大人たちが思っている以上に子どもたちはお互いの個性を理解し、認めあっているということでした。最初は内気そうに見えた子も最後は私などいなくてもしっかりみんなに溶け込んでいましたし、お互いにいろんなことを学んでいました。

本当に「子どもっていいなあー」そう思った五日間でした。私は教師になる予定です。この夏の経験を一つのステップとして頑張ろうと思います。

【海辺の自然をしる】大石三美 （ワークショップ「海辺の自然をしる」アシスタント）1993夏

八時半から四時半までの作業で、子どもたちは寸暇を惜しんで創作に没頭する。こちらはヘトヘト。でも小さいアーティストたちには何のてらいもなければ私欲もない。ただ無心に創り出していく。子どもたちの発想は実に素晴らしい。十二人の子どもたちとの出会いは本当に有意義なものとなった。

遠くへ帰っていった子どもから「先生どうしていますか」との電話がかかった。「来年もまた来ます」と言って別れた子どもたちの一人ひとりの顔がはっきりと目に浮かぶ、いい子どもたちだった。

初めての試み、大成功だったと思う。

【焼きものをつくる】奥村　親 （ワークショップ「焼きものをつくる」担当者）1993夏

［絵日記］から

八月四日　晴れ

朝から「すまいをつくる」のコンクリ打ち手伝いに全体力を使ってしまった。このままビールを飲んで休みたい。が、容赦なくなぎさオープニング式が始まる。

隣町からのゲスト「祥加会ジュニア」(民謡愛好会)演奏を聴く

「パンを作る、おやつも作ろう」 2015年夏

顔合わせのあとメンバーはすぐ海へと直行する。

たった三日じゃ何も作れないと、あせり、せめて今日中に何を作るか方向を決めるためだ。

ところが、みんな「夏休みの工作を作る」とのご意見、僕はなっとくがいかない。

「おまえら"せこい"」と叫んだ。

八月五日　うす曇り

朝、海へ来てみると、昨日ここでやると言っていた対岸は、潮で満ち海の中である「ざまあみろ」。

ぼくたち講師（担当者）が企てた場所でやることになる。

まずノミ作り、フイゴでコークスを燃やし、ボルトを焼いて作る。

空気を口で吹いて送っていたら頭がボッとなった。なんとかノミは出来た。

みんな、赤く焼けたボルトの熱さにこの時ばかりは真剣である。

が、その後作ったラーメンを食う時の方がもっと真剣だった。

八月六日　うす曇り

海をながめる場所作りというテーマで作業開始、修平はそこら中の石を並べて小道を作ることに自分の道を見つけたようだ。

とめどなく石を並べ続ける。疲れちゃうからそろそろ止めとけと中断させるほどである。

僕は他の者の創作意欲を湧きたてようとオッパイの形に似た岩を彫り出し、楽しいよと投げかけた。

が、それを見て通ったシーカヤックの連中に「スケベおやじ」という『あだ名』をつけられてしまった。

なんてこった。

八月七日　雨

石を集めてセメンで組んだ石風呂は、明日には入れるかもしれない。みんないざという時はよく働く。

そのいざとは、テレビの取材が来たときと、ラーメン作る時ではあるが…。

しかし、一人ひとりの個性の違いには驚く。朝来ると、まず泳ぐ修平。

そこら中むやみに彫りまくり、いつもガサガサやってないと気がすまない孝也、発案ばかりはスバラシク、でも、これといって自分のものをやらない健作。

ラーメン作る時だけ、水くみ、ナベ洗い、いやなことを一手に引き受けているおっとり型の拓郎社長。

ノミ作りもうまく、彫刻も一番になることをやった央輔。やっぱり一人はしゃんとしたのがいるものだ。

バツグンのメンバー構成だった。

八月八日　晴れ

「久住山登山とテント泊のカメラ旅する」 2015年夏

発表会（わかれの集い－活動報告、活動の感想等）。

打ち合わせ通りにはいかないもの。みんなで一日ずつの報告をしたが、いざ舞台上では「ラーメン食べた」ばかりで客（報告を聞く参加者、スタッフ）の笑いを買う。

しまいにはヤードカリカリ。ヤードカリカリの歌でごまかした。

しかし、冷静に思えばラーメンが一番印象に残ったのか？

「ラーメン食べながら、海をながめる場所を作った」か。かくして僕たちのテーマはちゃんと達成されたのだ。

　［なぎさで思ったこと］から

なぎさの伝習所に参加した子どもたちと、参加を勧めた保護者は夏の林間学校的なイメージがあったのではないかと思う。またこの場を見守った町の世話役の方々も先生と生徒という構成の教室的なイメージがあったように考える。

しかしフタが開けられると必ずしも子どもと大人（先生）の線が引かれていない。引く必要のない場であった。この海辺の町での五日間は子どもと大人とが対等に交流できる要素を下地として持っていた。

海や山を前にして、その線を取り払い、怒ったり、笑ったり、大声を出したりしていると、僕は伝えるだけではなくて、逆に子どもたちから色々なことを伝えてもらうことができた。

「ふと、ひらめいた」「ふと、気がついた」たとえば、海の表情、山までの空気の種類。たとえば、一人ひとりがこんなに違うということ、一人ひとりが持つ未来へのエネルギー、そして快い疲れ。

先生から生徒という一方通行の関係では、決して伝えあうことのできない大切なことを得ることができる場所であった。

そしてもう一つ、今のこの社会は、何事も成果や結果ばかりを評価し、ランク付けし、商品化してしまい、自然や弱い生き物はすみっこに追いやられている泥沼状態の世の中、ご他聞にもれず教育もその中に全身つかりきって、子どもたちの心を日々むしばんでいる。

僕が専門とする、自然や心を相手の絵や彫刻という美術の分野でさえ同じで、やれ展覧会だ、など形として実らせ、高い評価を得ようと、いつの間にか変な目的に向かって皆やっきになっている。その過程において認識されていくかけがえのない大切なものを置き去りにして……。

「石で形をつくる」では、結果としてたいした物は残せなかったが、五人（子ども）と二人（担当者）と一匹（犬）の中には、心の通いあった何か大切なものが残ったと思う。実は忘れたころに成るだろう。

「雲仙普賢岳登山とテント泊のカメラ旅する」 2016年夏

結果ばかりを重視する心が通わない教材や授業から子どもたちは何を感じるというのか？

また、気持ちが心から通わない物作り（職人、芸術家）や研究者から大切な「ものごと」が生まれないのと同様に、評価を目的としたことしか感じることができない大人（職人、芸術家、研究者）は、たいしたスペシャリストにはなれない。そんな意味でもなぎさの伝習所は子どもと大人が大切なことを互いに感じあい、伝えあう。そして未来を開いてゆく大切な五日間だったと思う。

【石で形をつくる】坂本浩人 （担当者） 1993夏

ワークショップの１日目には水小島というところに行きました。あそこは、海水にいる生き物、しおだまりにいる生き物、ひがたの塩生植物、そして森、小さいながらみんなそろっているのです。そこのすべてを見て遊んでもらいました。

あくる日は大島というところに行きました。そこは西海国立公園の中のうち、長崎県と環境省で船つき場をつくっていまして、島に上りやすいところです。島の海岸はあまり期待できないのですが、森の中に入って木登り競争をさせました。

木登りは人間の知能を発達させるためにいいですよ。子どもたちは、最初は登らない、救急車がこないところでは危ない、などといっていましたが、さいわいアシスタントが３人いましたから、落ちてもだいじょうぶ、下で受けてあげるからといいましたら、最後は全員が登りました。一番高いところまで登ったのは２人でした。前回のなぎさでは１人でしたから、今年のグループの方がいい。木登りがいいというのは、登りながらつぎはどの枝に手をかけるか、さきへさきへと考えるのですね。それが知能を発達させるのです。石を見つけていく沢登りもおなじですね。また、ものごとを考える場合もそのように、１だん２だん３だん…と段階があるんだということ、観察の際に話しました。

そして昨日は、自然体験館の前のすな浜で、人口密度ではなくハクセンシオマネキの密度を調べました。ハクセンシオマネキは絶滅危惧種、日本では絶滅するかもしれないシオマネキの１種です。シオマネキはハサミでしょっちゅう、おいでおいでをやっている、これはシオをまねいているのではなく、めすを呼んでいるのです。ハサミの大きいおすがもてるんです。生き物というのは、たいてい体が大きくないとめすにもてないんです。

そのようにして遊びましたが、生き物はすべて、いのち、いのち、いのちでつながっています。さきほど見せてもらった、海辺の石を使ってつくられたウサギや石の皿、焼きものも、折り紙も、お菓子も、いのちでつながっている。たいへん感銘したのは「音をつくる」の丸山先生たちがつくった水カンリンバです。ジュー

「風と遊ぼう―マウンテンバイクで鷹島を走る」　2007年夏

スなど、のんだ後のあき缶にはいのちがありませんが、それが楽器に生まれかわることで、いのちが還元しているからです。

みなさんも、いのちが大切、すべてのいのちでささえられている、という考えを深めてください。

【なぎさの生き物と遊ぶ】鴨川　誠（担当者）2004夏

［ほしをあおぎ　おひさまをたたえる］ひらがな詩

まなつのよるだ　よなかの３じ　つわものぞろい　こどもとおとな

どうろまんなか　てあしをひろげ　ごろりとねんね

ここはやまなか　くるまはこない　おまけにせなかは　ほかほかあったか

ひるのおひさま　どうろのしたに　こもっているのさ

　　　きらきらほしが　おおぞらいっぱい　さわさわかぜが

　　　ほほなでていく　なんてきもちいい　こころもち

このひまよなか　ちょうど12じ　ふとんはがされ　かたをゆすられ

ねむいめこすり　ずぼんをはいて　ふらふらあるいた

くぬぎきのみつ　なめてるかぶと　みつけたときから　げんきもりもり

とちゅうのしみず　つめたくうまい　すたすたあるいた

　　　きらきらほしが　おおぞらいっぱい　さわさわかぜが

　　　ほほなでていく　なんてきもちいい　こころもち

やまとざんぐち　ついたじこくは　ちょとはやすぎる　いまからのぼれば

てっぺんからは　なにもみえない　かほうはねてまて　こんなときこそ

ひろいうちゅう　ぼくらのだいち　からだでかんじる　なんてこといって

ごろりとねんね

　　　きらきらほしが　おおぞらいっぱい　さわさわかぜが

　　　ほほなでていく　なんてきもちいい　こころもち

はじめみつけたの　だれだったかな　みぎうえひだり　ながれるほしくず

あっあというまに　ひかってきえる　おーいながれぼし！

　　　きえないうちにねがいごとをすれば、かなうというぜ

「炭焼きをおぼえながらログハウスでくらす」 2007年夏

きいたことある、きえるまえに３かいいわなきゃだめなのだろう？
たしかにそうだ　いくぞ、ぷろやきゅうせんしゅになる、ぷろやきゅっきゅっ…
じぇいりーぐさっかーせんしゅになる、じぇいじぇい…じぇじぇじぇ…
そんなにながく　ひかってないさ
ぷろやきゅうぷろやきゅうぷろやきゅうぷ…　さっかーせんしゅさっかーせんしゅさっ…
ざんねん、まにあわない
こごえはやくち　となえるおんなのこ　ほしはたちまち　むじょうにきえる
とてもむりだろ　おしゃべりさんも
おこずかいあがれ、おこずかいあがれ、おこ…　おこずかい、お…
ろとしっくすあたれ、ろとしっくすあたれ、ろ…　としっくす、ろとしっくす…　※
ひっしだね
すぐにおとこは　こえをそろえて
おかね、おかね、おかね…おかねおかねおかねおかねかねかね……
あーなんてよのなか、なけてくる
そのうちあきて　やーめたやめた　なんだかつかれ　すやすやねいき
よあけまえまで　しずかにねむる　ほしもいっしょ　ひっそりねむる
きらきらほしが　おおぞらいっぱい　さわさわかぜが
ほほなでていく　なんてきもちいい　こころもち

まなつのあさだ　あけがたの５じ　たんけんすきな　じじぃじゃりんこ
がさがさごそごそ　くさかきわけて　きりきずくものす　からだにまとい
いのししたぬき　さるにのうさぎ　めったにとおらぬ　さかみちのぼる
よあけはちかい　てんぐいわまで　かいちゅうでんと　あしもとてらせ
みやまくわがた　みつけるまえに　ころんでけがして　なくんじゃない
のぼったところ　しかまちてっぺん　はちがつはじめ　やまのあけぼの
きりたついわある　さきはぜっぺき　てんぐいわなる　たかいところだ　※
むかしむかしの　おはなしさ
おきょうとなえて　やまみちはしり　きつかしゅぎょうする　やまぶしおった

「自由に楽しく、思いっきり大きな絵に挑戦」180cm×180cmの板絵　2007年夏

つきのあかるい　あけがただった
おれのからだが　おどろくかるさ　きぶんはさいこう　しゅぎょうをつんで
てんぐになった　そうだとぼう　よろこびいさみ　そらにとびだす
やまぶしかなし　がけおちてしんだ　それでおおいわ　てんぐいわ　っていうのさ

したにぽつぽつ　ともしびみえる　うみにいさりび　あおーくほのか
みんなさみしく　かおみあわせる
かえりみすれば　ひんがしのそら　しらじらしろく　さやけくそらと
やまやまのなみ　きたへとつづく
あれーそのなか　ひときわひかる　やまひとつある　きっとあそこに
かおがでてくる　じっとみつめて　ひたすらまてば
おもわずだれか　でたっとさけぶ
あかいひとつぶ　ぴかとかがやき　だまってでたよ
のそりおごそか　きよくはなやか　まるごとでたよ
きんあかいろの　るびぃのびぃだま　ぽっかりうかび
みるみるうちに　とおくちかーく　ああなつかしい　おひさまだいすき
うみやますべて　ひとしくてらす
　このうつくしさ　むねにきざもう
　そらはれわたり　みどりのはやし　きのうたずねた　しまじまみえる
　とことこさかみち　かえるあいだに　おなかぺこぺこ　あしふうらふら
　あさごはんには　なにがでるかな　ごはんみそしる　おかわりしよう

※ロトシックスは数字あわせの宝くじのようなもの。　※てんぐいわ＝天狗岩のいわれは『鹿町町郷土誌』掲載文から。
※のぼりとくだりはべつの道、合せて10キロほど歩きました。
【鹿町の自然を探検する】マキ（担当者）2006夏

現場で子どもたちのカメラを昆虫のような小さいものを撮影する接写モードに切り替え、昆虫は不用意に近づくと必ず逃げる生き物、そのために見つけたらあまり動きを見せないように注意深く近づいて行くことや、

47

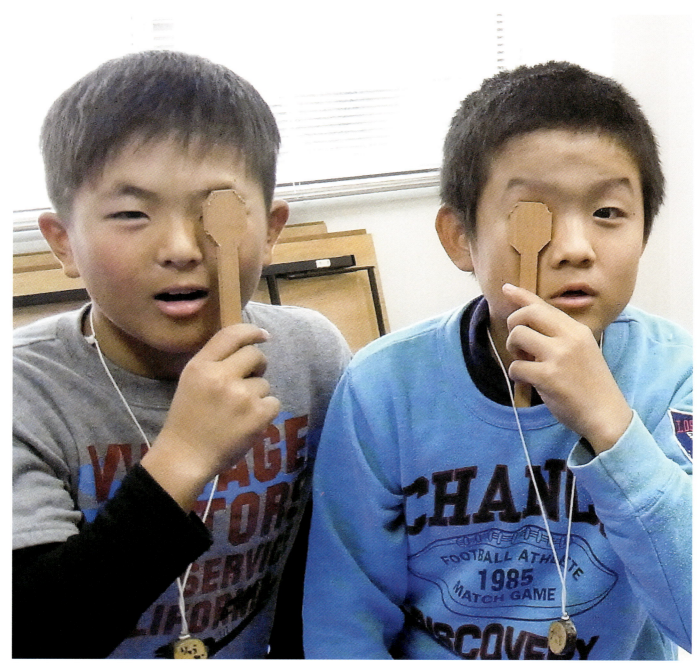

作りかけのスプーンで何を見る？　2016冬

近づいたら速やかにシャッターを切ることなどを教えて、早速撮影にチャレンジしてもらった。現場は道の両側にハギの花が咲き、その花に集まるキチョウやゾウムシやカミキリムシなどが見られ、それらをカメラをかまえて追う子どもたちは、初めのうちは近づくと逃げられる昆虫たちに振り回されていたものの、やがてコツをおぼえて、少しずつ画面に昆虫を入れて写すことができるようになっていった。

翌日は場所をかえて、用意しておいた子どもたちの人気者のカブトムシをスイカにとまらせて、いろいろな角度からの撮影をしたり、付近にたくさん飛んでいたトンボがとまって休むのを見つけて撮影した。午後は屋内にもどり、この2日間で撮影した写真の中で良く撮れたものをプリントして、みんなで観賞しあい、虫取りの楽しさと同様に、網をカメラに変えて虫を追うことの楽しさもあるということを少なからず感じとってもらえた気がする。カメラを通して小さな命と触れ合ってほしい、そういう思いの中でこの度の講座は成功したように感じている。

【昆虫さがして、しっかり観察、写真とる】栗林　慧 (担当者) 2014夏

透明な容器を使った「ミニ水族館」の一番の収穫は、水中を泳いでいたオヨギイソギンチャクでした。透明な容器に入れて横から見ると、実にきれいでした。砂浜の巣穴にすばやくにげこむスナガニをつかまえた子もいました。その子の「ミニ水族館」では砂の中の巣穴の内部を見ることができました。生き物にあふれる自然は、子どもにとって、さまざまな能力をみがいてくれる大切な遊び場だと思います。それを日本中に取りもどしてほしい。

【海辺の小さな生きものを探してみよう】佐藤正典 (担当者) 2015夏

編者から

・この困難な時空間に生きていく子どもたちと大人たちが、楽しく、深く、相互扶助できないだろうか。そんな想いを抱きつつ19年間、さまざまなワークショップを開いた様子、それらのあらましです。しかし表出の多様性が尊重されているか、断片的な域をこえる内容を届けられるか、心残りです。

・子どもとスタッフの感想文抄録に、石井舞さん、中村真美さん、お二人の協力をいただきました。

・写真のほとんどはおとな委員の森山宏司、松永雅博、マキが撮ったもの。ひょっとしたらスタッフ撮影のものが紛れているかもしれません。文章と同じくあらかた『ザブウン』に載ったものです。

・この出版に際し、親和銀行ふるさと振興基金助成をいただきました。お礼を申しあげます。

資料①　参加者募集パンフレット　なぎさちんぐ—2017年夏から　子ども委員会、おとな委員会のあいさつ文抄録

こんにちは

海べの夏を心にきざんでみませんか。

ここは静かな海べの町です。

お日さまが緑ふかい山にかおを出して、島かげにしずむまで、海からやわらかい風がふきよせてきます。

この町で10年前まで開かれていたもよおしが、2014年から新しくスタートしました。

名前は《なぎさちんぐ》。知りたいこと、したいことにすすんでとりくんでいく子どもたちと、

知ってほしいこと、伝えたいことをもったおとなたちの、出会いの場です。

もちろん、町の子、山の子、海の子たちに友情も生まれるでしょう。

《なぎさちんぐ》のルールはたった１つ「自分と仲間にとって危険なことはしない」です。

あとはとても自由です。おとなをふくめて上下はなく、仲よくなれるところです。

このパンフレットに、あなたがおもしろそうだと思うことがありますように。

そして、あなたがこられるのを待っています。

……　なぎさちんぐ子ども委員会

保護者のみなさまへ

今の子どもたちが、かならずしも幸せではないと考える方も多いでしょう。

あり余るほどの物や情報にかこまれていますが、それらは子どもたちの求めているものかどうか疑問ですし、

かけがえのない自然を犠牲にしている現在の暮らしが、このまま続くとは思えないからです。

今の子どもたちこそ、自然と人の親密なつながり、そこから生まれた知恵や技能の世界に、

遊びながら、学びながら接していくときだと思います。

子どもたちが自然にとびこみ、耳をすます、語りかける。

その中で自分を知り、生き方を考え、ものをつくりだす力を見つけてほしい。

それを手伝おうと思うおとながここに集まりました。

それは私たちおとなにとっても貴重な体験になるでしょう。

　（中略）

ワークショップ担当者、多様なスタッフ、私たち裏方が、お子さまを大切にあずかりします。ご安心ください。

……　なぎさちんぐおとな委員会

資料②　1993年夏～2017年冬（左から順に）ワークショップ名称　担当者名　開催年～年　開催回数　参加者総数

海のくらしをしてみる　　　新立幸市　1993～2004年　12回　　38人
田舎くらしをしてみる　　　林　三生・由美子　1998～2003年　6回　　28人
海辺の自然をしる　　　松林金造　1993年　1回　　5人
潮だまり環境調査隊　　　蕪崎洋子　1995～1996年　2回　　27人
なぎさの生き物と遊ぶ　　　鴨川　誠　1993～2006年　12回　　117人…1993～1999までワークショップの名称‐野山の自然を知る
なぎさの生き物と遊ぶ　　　坂口　建　2014年　1回　　7人
海辺の小さな生きものを探してみよう　　　佐藤正典　2015年　1回　　7人
みて！ふれて！食べて！！なぎさをまるごと体験しよう　　　岡田和樹　2016～2017年　2回　　28人
鹿町の自然を探検する　　　堀之内哲郎　1994年　1回　　15人
鹿町の自然を探検する　　　牧　武志　1997～2015年　10回　　92人
無人島探検と夜の昆虫採集　　　牧　武志　2007年　1回　　7人　　　　　　　　…冬のなぎさちんぐ
昆虫さがして、しっかり観察、写真とる　　　栗林　慧　牧　武志　2014年　1回　　10人
君のまわりの昆虫をもっとよく知ろう　　　西澤正隆　2017年　2回　　8人　　　　　　…冬のなぎさちんぐ参加者を含む

お坊さんの修行をしてみる　　　石田光洋　1993～2000年　3回　　14人
すまいをつくる　　　中村留作　1993年　1回　　7人
大工さんの修業をする　　　小楠三郎　1996～1996年　4回　　39人
焼きものをつくる　　　奥村　親　奥村万知子　1993～2004人　12回　　121人
石で形をつくる　　　宮岡洋一　坂本浩人　1993年　1回　　5人
石で形をつくる　　　坂本浩人　1994年　1回　　21人
海辺の石を使って　　　坂本浩人　2004～2005年　2回　　14人
音をつくる　　　山下　実　1993～1994年　2回　　12人
音探検隊　　　山下　実　1995年　1回　　16人
ジャンベをたたく　　　ニループ　1996～1997年　2回　　11人
音をつくる　　　丸山祐一郎　1998～2002年　5回　　35人
ひみつの音遊び　　　BUN Imai　角銅真実　2014年　1回　　2人
木や竹で楽器作って、楽団にしてみよう　　　牧　武志　2016～2017年　2回　　17人
歌をつくる　　　森　文明　1993年　1回　　2人
詩をつくる　　　森　文明　1994～1998年　5回　　23人
自然を撮る・うたをつくる　　　森山宏司　森　文明　1999年　1回　　4人
鹿町の自然を撮る　　　森山宏司　1995～2001年　6回　　41人
写真撮って本にしよう　　　森山宏司　2014年　1回　　1人

久住山登山とテント泊のカメラ旅する　　森山宏司　　2015年　1回　　8人
雲仙普賢岳登山とテント泊のカメラ旅する　森山宏司　　2016年　1回　　8人
島へのカメラ旅　　　　　森山宏司　　2016年　1回　　6人　　　　　　　…冬のなぎさちんぐ
山・カメラ旅　　　　　　森山宏司　　2017年　1回　　5人
シーカヤックにのる　　　岡本幸実　　1993年　1回　　6人
シーカヤックにのる　　　執行輝次　　1996〜2003年　8回　　111人
シーカヤックに乗って海で遊ぼう！　　末永茂樹　　2014年　1回　　6人
シーカヤックで無人島を探検する　　　松本哲也　　2015〜2016年　2回　　15人

日本画を描く　　　　　　松原年孝　　1993〜1996年　4回　　32人
色を知る（クレヨンスケッチ）　　瀬崎正人　　2002年　1回　　6人
絵本をつくろう　　　　　瀬崎正人　　2004年　1回　　7人
自由に楽しく、思いっきり大きな絵に挑戦　　赤星悠子　　2007年　1回　　2人　　…冬のなぎさちんぐ
草木で染める　　　　　　坂本由美子　　1994年　1回　　11人
草木で染める　　　　　　酒井淑子　　1995〜1996年　2回　　20人
自然の中で料理する　　　牧　武志　　1995〜1996年　2回　　24人
野の幸　山の幸をいただきます　　牧　武志　　2016〜2017年　2回　　14人　　…春のなぎさちんぐ
《おせち料理》をつくってみよう　　田中千鶴　　2017年　1回　　7人　　　　…冬のなぎさちんぐ
自然な材料でお菓子をつくる　　　高橋純子　　1994年　1回　　17人
お菓子をつくる・パンを焼く　　　高橋純子　　1995〜2000年　6回　　74人
お菓子をつくる・パンを焼く　　　高増幸子　　2005〜2014年　3回　　19人
パンを作る、おやつも作ろう　　　高増幸子　　2015年　1回　　6人
世界のお菓子作りにチャレンジ　　渡辺千枝子　　2002〜2004年　2回　　18人
リトル栄養士になる　　　宮木朋子　　1996年　1回　　7人
リトルシェフになる　　　宮木朋子　　1997〜2001年　5回　　46人
紐差に伝わる料理と遊び　　　八木原友子　　1996〜1997年　2回　　14人　　…平戸市で開催されたワークショップ
紙漉の里でくらしてみる　　田中政義　　1996〜1997年　2回　　21人　　…平戸市で開催されたワークショップ

かずらでかごを編む　　　岡村美智子　　1995〜1996年　2回　　23人
手作りの遊び道具をつくる　　　熊谷厚生　　1998〜2001年　3回　　28人
わら草履・遊び道具をつくる　　　小楠三郎　熊谷厚生　　2000年　1回　　11人
わら草履を編む　　　　　小楠三郎　　2001〜2002年　2回　　8人
友禅和紙を使ってリサイクル　　　横尾雅子　　1997〜2000年　4回　　34人
カブト虫の小屋作り　　　小楠三郎　　2002年　1回　　2人

紙のやきもの陶芸　　　　田島紀代　　2000〜2004年　5回　　29人

自分のくつをつくる　　　曽田　耕　曽田京子　2004年　1回　　7人

自分のくつをつくる　　　曽田　耕　　2005〜2017年　5回　　40人

ルポライターをめざそう　　徳勝宏子　　1996年　1回　　8人

なぎさWeb情報局　　　　赤司穏之　　1999〜2001年　3回　　16人

『なぎさ』のビデオをつくろう　塚本敏博　2004年　1回　　4人

子ども委員会活動　　2004〜2006年　3回　　12人　　　　　　　…実行を担う子ども委員会が結ばれ、内容を研究

炭焼きをおぼえながらログハウスでくらす　小村一臣　2007年　1回　　5人　　…冬のなぎさちんぐ

マウンテンバイクで野山を走ろう　森山宏司　2002〜2003年　2回　　5人

風と遊ぼう　　　　　　　森山宏司　　2004〜2006年　2回　　6人

風と遊ぼう―マウンテンバイクで鷹島を走る　森山宏司　2007年　1回　　2人

ヒミツ基地つくっぞ！　　平野光信　　2004〜2015年　6回　　77人　　　　…2015春の参加者4人を含む

野外生活入門　　　　　　平野光信　　2016年　1回　　8人

釣りの1．2．3　　　　小田　誠　吉浦正利　2005年　1回　　10人．

釣りをおぼえよう　　　　平湯光信　　2006年　1回　　7人

冬の船釣りと無人島の磯遊び　吉浦一男　2016〜2017年　2回　　18人　　…冬のなぎさちんぐ

船釣りと無人島の磯遊び　吉浦一男　　2016〜2017年　2回　　21人　　…2016年夏の物作り参加者は含まず

冬の小さな旅（島原半島縦断）　平野光信　森山宏司　牧　武志　2015年　1回　　14人

ティピーですごす　　　　坂本浩人　　2016年　1回　　5人　　　　　　…冬のなぎさちんぐ

冬の志々岐山登頂と野営体験　松本哲也　2016年　1回　　3人　　　　　…冬のなぎさちんぐ

ながさきの木で作る、ぼくの・わたしの椅子　荒木一之　2016年　1回　　9人

新年を自分で作った木のお箸で迎えよう　荒木一之　2016〜2017年　2回　　11人…冬のなぎさちんぐ

杉とヒノキ・木で作る、こしかけ椅子（スツール）　荒木一之　2017年　1回　　8人

レッツ　ラーン　ラング　！　牧林太郎　2017年　1回　　4人

開かれたワークショップ総数－87　開催年－19年間　ワークショップ開催総数－216回　参加者総数－1,719人

およそ長崎県内小、中学校の春休み夏休み冬休み期間中に開催。参加者が来てくれるのは離島を含む県内各地の子ども、少数ですが、近県、四国、関西、関東からもあります。子ども好きなスタッフも広い地域から、良き経験を携えて集まります。野外活動の大部分は西海国立公園内の恵まれた海、無人島、海岸、野山で行ない、話し合いや物作りワークショップに必要な空間は、主に鹿町公民館、海洋スポーツ基地、集落の公民館や民家です。ときおり県外の宿泊場所利用を選ぶこともあります。

プロフィール

編者　牧　武志

1941年　　生まれ
1965年　　舞台芸術学院卒　学院で程島武夫に師事
1969年　　1月、12月　宮本研「明治の柩」を池袋アートシアター（小劇場）公演　新宿区体育館全フロアー公演を演出
1970〜79年　主に移動演劇を行なう者の集まり−赤い花を結び、深沢七郎「木曾節お六」橋本勝「ボス・ネス・ミス・マス」
　　　　　　内田栄一「混乱出血鬼」等を体育館、各地の野外ステージで公演の演出
1980〜89年　オーガニックな農業が縁で長崎県内に移住　小農を続けながら長崎市、佐世保市等で劇作・演出
　　　　　　旧鹿町町で子どもたちだけが出演する鹿町少年少女劇団海風を主宰　九州、沖縄、四国、関西、北陸公演
　　　　　　主なレパートリーは古典狂言を現代に置き換えた「今ことば狂言」シリーズ、創作劇では自然との親密な暮らしを求める
　　　　　　「風のなかにきこえる」アイヌ民族口承文学を礎にした「星ふる森の物語」　そして北米先住民族作家ジュマーク・ハイ
　　　　　　ウオーター作の物語「アンパオ」（たぶん世界初の舞台化）
1993年　　地域に提案の企画、子どもたちのためのワークショップ「みどりの伝習所」（愛媛県野村町）「なぎさの伝習所」（長崎県
　　　　　　鹿町町）が受け入れられ活動開始

子どもたちは生を探す…胸さわぎがするから

—子どもたちのためのワークショップ「なぎさちんぐ」写真. 感想. 記録—

発　行　日　2018年4月18日　第一刷発行
編　　　者　なぎさちんぐ子ども委員会おとな委員会　牧武志
　　　　　　〒859-6204　長崎県佐世保市鹿町町下歌ヶ浦717-6　電話0956-77-5105　mail makikki@tra.bbiq.jp
　　　　　　特定非営利活動法人　空・海・大地とともに—協同活動センター
発　行　者　向原祥隆
発　行　所　株式会社　南方新社　〒892-0873　鹿児島市下田町292-1　電話099-248-5455
　　　　　　振替　02070-3-27929
　　　　　　URL http://www.nanpou.com/　　e-mail info@nanpou.com
印刷・製本　株式会社　昭和堂

定価はカバーに表示しています　乱丁・落丁はお取替えします
ISBN978-4-86124-382-0
©Takeshi Maki 2018, Printed in japan